CHRISTINA KLEINER-RÖHR

# Köstliches
# VOLLWERT-KONFEKT

**Aus Nüssen · Mandeln · Früchten · Honig**

HÄDECKE  VERLAG

ISBN 3-7750-0133-6

Einbandentwurf und Textillustrationen: Rainer Simon, Böblingen.
Farbfotos: Studio Gerlach, Frankfurt/Main.
© Walter Hädecke Verlag, D-7252 Weil der Stadt.
Nachdruck, auch auszugsweise, nur mit Genehmigung
des Verlages. Alle Rechte vorbehalten.
Printed in Germany. Satz: Schmid GmbH, Weil der Stadt.
Druck: W. Röck, Weinsberg.

# Inhaltsverzeichnis

# Inhaltsverzeichnis

*Farbtafeln*

# Ein Wort vorweg

Süße Tüpfelchen auf's Alltags-I sind die Köstlichkeiten aus Christinas Spezialitätenküche, Freude für Auge und Gaumen, wie sie adrett in ihren plissierten Papiermanschetten dem Gast geboten oder einem lieben Menschen als Geschenk überreicht werden.

Noch dazu von Hand gemacht, mit Liebe, versteht sich – und mit Geschick. Aromatische Liebeserklärungen, wenn Sie so wollen, die auf der Zunge zergehen (ohne auf den Hüften Spuren zu hinterlassen!).

Phantasie gehört zur Herstellung, eine empfindsame Zunge, geschickte Hände und Sinn für's Freude-machen.

Lernen kann es jeder.

Ich wünsche gutes Gelingen auf dem Küchenbrett und bon appétit beim Verzehr!

Ihre
*Rosemarie Eick*

# Kinder mögen's gerne süß

Davon kann ich selbst ein Lied singen.
Als mein Vater mich als 6-jährige in ein Café einlud und eine Schokolade bestellte, war ich zutiefst enttäuscht, als der Ober mit einer dampfenden Tasse Kakao ankam. »Mein Vater hat eine Schokolade und keinen Kakao bestellt«, wagte ich zu sagen. Zu Vaters Zeiten hatte man Kakao aus heißem Wasser, Schokolade und Schlagsahne bereitet und nannte das Schokolade.
Wir Kinder bekamen jeden Samstag Milchkakao mit Butterbrötchen — der Gipfel der Verwöhnung.
Daran erinnerte sich der Vater und erklärte dem Ober das Mißverständnis und bat ihn, mir eine Auswahl von Schokoladentafeln zu bringen. Da ich von eh und je die Klarheit bevorzugte, wählte ich eine weißverpackte, klassisch beschriftete Tafel. Keine Ahnung, daß es sich um eine Bitterschokolade handelte. Als ich diese zu Hause meiner Mutter zeigte war sie entzückt, weil sie diese besonders gerne aß und tauschte die »Klassische« in 2 Vollmilchschokoladentafeln. Da es in meinem Elternhaus damals nicht aus gesundheitlichen Gründen, sondern aus pädagogischem Prinzip nur zu Weihnachten, Ostern und zum Geburtstag Süßigkeiten gab, war ich an diesem Tag eine bevorzugte Schwester.
Ein zweites, unvergeßliches Erlebnis war eine in 5 Kartons verpackte Schokoladenmaikäferfamilie, die mir der beste Freund meines Vaters schenkte, während meine größeren Geschwister »nur« einen Füllfederhalter bekamen. Daß dieser Onkel nun von mir bevorzugt war, entspringt der Tatsache, daß wir »süßigkeitsfremd« erzogen wurden. Das, was man nicht bekommt, gewinnt immer an Bedeutung. Deswegen möchte ich eine Kompromißlösung anbieten, die nicht unter dem Motto steht:

»Gerade die verbotenen Sachen, den Kindern erst die Freude machen«.

Mein Lehrer Dr. Bruker lehrte uns: Wenn Sie den Leuten etwas wegnehmen, müssen Sie ihnen etwas Besseres anbieten.

In seinem Buch: »Krank durch Zucker« schreibt er auf Seite 58: »Der Honig ist kein chemisch reines Isolat, sondern ein naturgegebenes Kohlenhydrat, das Vitalstoffe enthält. Es ist im Sinne von Herrn Prof. Kollath kein Nahrungs- sondern ein Lebensmittel.«

So entschloß ich mich, Konfekt und Gebäck aus Honig, Mandeln, Nüssen und Trockenfrüchten herzustellen. Das hat mehrere Vorteile:

1.) Es ist nicht so süß.
2.) Durch den Gehalt von Vitalstoffen ist die Voraussetzung für die Stoffumwandlung besser als bei der Verwendung von Fabrikzucker
3.) Es wird intensiver gekaut.
4.) Das Verlangen nach »mehr« reduziert sich, da die Leckereien auch Faserstoffe enthalten, die ein größeres Quellvolumen haben.
5.) Die gemeinsame Herstellung dieser Süßigkeiten zusammen mit den Kindern ist eine beglückende Tätigkeit, die der ganzen Familie Spaß macht. Selbst gemachte Geschenke gewinnen wieder an Wert.

Jede Großmutter oder jeder Großvater wird sich über Konfekt aus Kinderhand mehr freuen, als über eine Schachtel gekaufter Pralinen.

Ein Versuch lohnt sich.

Gutes Gelingen wünscht Ihnen und besonders den Kindern die Wirtin des Sonnenschlößchens aus Bad Teinach.

*Christina Kleiner-Röhr*

# Konfekt!
# Kleine süße Naschereien

Als ich anfing, das erste Konfekt herzustellen, war ich mir des Echos nicht bewußt. Durch die praktische Erfahrung wurden die Rezepte immer einfacher, zeitsparender und besser.

Die Grundmasse besteht aus:
*Mandeln und Honig,*
*Haselnüssen und Honig,*
*Mandeln und Trockenfrüchten.*

Viele Varianten entstanden daraus und sicher kommen noch weitere hinzu.

Mein Tip: Marzipanmasse sollte als Vorrat immer im Kühlschrank aufbewahrt werden. Damit läßt sich schnell frisches Konfekt bereiten.

# Mandelmarzipan

*100 g abgezogene Mandeln*
*50 g Blütenhonig*

Die Mandeln in der Küchenmaschine sehr fein mahlen, den Honig zufügen und die Maschine so lange laufen lassen, bis sich ein Kloß gebildet hat.

Variante: Gebräuntes Mandelmarzipan
Dafür werden die Mandeln vorher im Backofen geröstet.

*Zubereitungszeit: 5 Minuten*

# Gefüllte Trockenfrüchte

*200 g Mandelmarzipan*
*100 g entsteinte Trockenpflaumen*
*100 g entsteinte Datteln*
*100 g entsteinte Aprikosen*
*Mandeln, Walnußkerne, Pistazien*

Marzipan herstellen, die Trockenfrüchte halbieren, die Mandeln und die Pistazien halbieren. Die Pflaumenhälften mit den Mandelhälften auf einen Teller legen, auf einen zweiten die Dattelhälften mit den Pistazienhälften und auf einen dritten die Aprikosenhälften mit den Walnußhälften.
Zuerst die Pflaumen mit etwas Marzipan belegen und darauf eine Mandel festdrücken. Das gleiche geschieht mit den Datteln und den Pistazien und mit den Aprikosen und den Walnußkernhälften.

*Zubereitungszeit: 50 Minuten*

# Abgebranntes Konfekt

*200 g Mandelmarzipan (S. 12)*

Das Marzipan auf einem Tisch oder Brett, zwischen Backpapier 1½ cm dick ausrollen. Mit Ausstecherformen (Sterne, Herzen, Glocken usw.) ausstechen und kurz unter dem Grill bräunen.

Variante: Aus dem Marzipan Kugeln formen und seitlich mit 3 Mandelhälften belegen. Kurz unter dem Grill bräunen.

*Zubereitungszeit: 20 Minuten*
*Stückzahl: 30*

14

# Gebräuntes Mandelmarzipan

*20 in Kirschwasser eingelegte Kirschen*
*100 g gebräunte, gemahlene Mandeln*
*50 g Blütenhonig*
*Zum Umhüllen: gemahlene, gebräunte Mandeln*

In Kirschwasser eingelegte Kirschen auf einem Sieb ab-
tropfen lassen und gut abtrocknen. Die Mandeln abzie-
hen, im Ofen bräunen und fein mahlen. Mit dem Honig
im Mixer zu einem Kloß verarbeiten. Eine Rolle vom
Durchmesser eines 5-DM-Stücks formen und von dieser
½ cm dicke Scheiben abschneiden. Die Mitte mit etwas
gemahlenen Mandeln bestreuen, eine trockene Kirsche
darauf setzen und mit der Masse umhüllen. Die Kugel in
gemahlenen, gebräunten Mandeln wälzen.

Variante: Mandelmarzipan aus gebräunten Mandeln herstellen und mit 3 Eßl. in Kirschwasser eingelegten, zer-
kleinerten Kirschen verkneten. Ist die Masse zu feucht,
noch etwas gemahlene, gebräunte Mandeln zufügen.
Kugeln formen und diese in gemahlenen Pistazien wälzen.

*Zubereitungszeit: 30 Minuten*
*Stückzahl: 20*

# Haselnuß-Marzipan

*100 g Haselnüsse*
*50 g Blütenhonig*

Die Haselnüsse in der Küchenmaschine sehr fein mahlen,
den Honig zufügen und die Maschine so lange laufen lassen, bis sich ein Kloß gebildet hat.

*Zubereitungszeit: 5 Minuten*

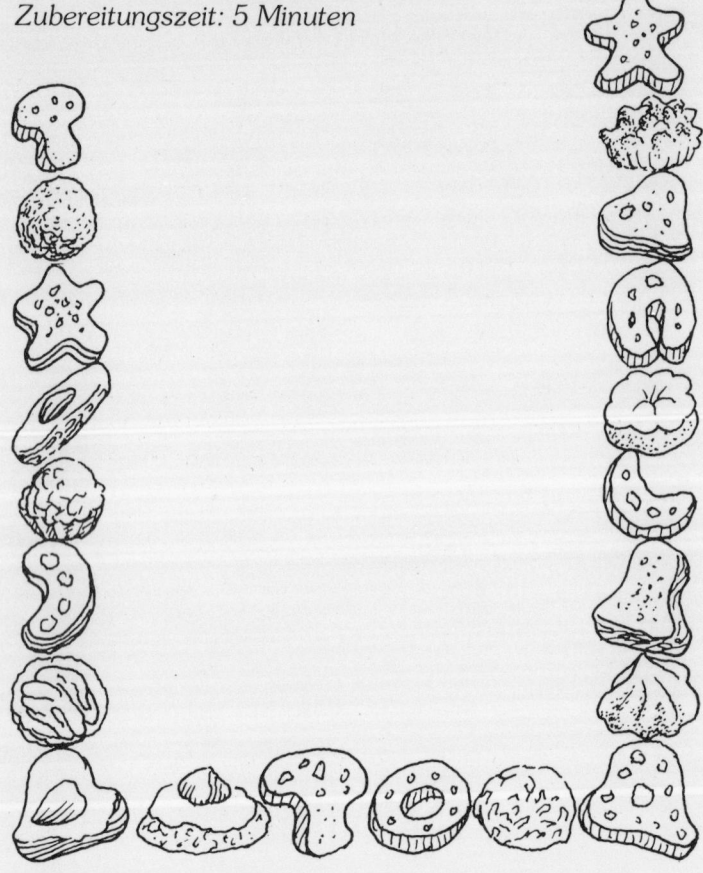

16

# Marzipan mit Trockenfrüchten gesüßt

*60 g entsteinte Trockenfrüchte*
*50 g geschälte Mandeln oder Haselnüsse*
*Zum Wälzen: Kokosraspeln oder Pistazienkrümel*
*Zur Dekoration: Mandelhälften*

Die Trockenfrüchte im Mixer fein pürieren. Das Püree in eine Schüssel geben. Die Mandeln in der Küchenmaschine fein mahlen und mit dem Trockenfrüchtepüree zu einem Teig verkneten. Aus dem Teig Kugeln formen, diese in Kokosraspeln oder Pistazienkrümeln wälzen oder mit 3 Mandelhälften seitlich bekleben.

*Zubereitungszeit: 30 Minuten*
*Stückzahl: 20*

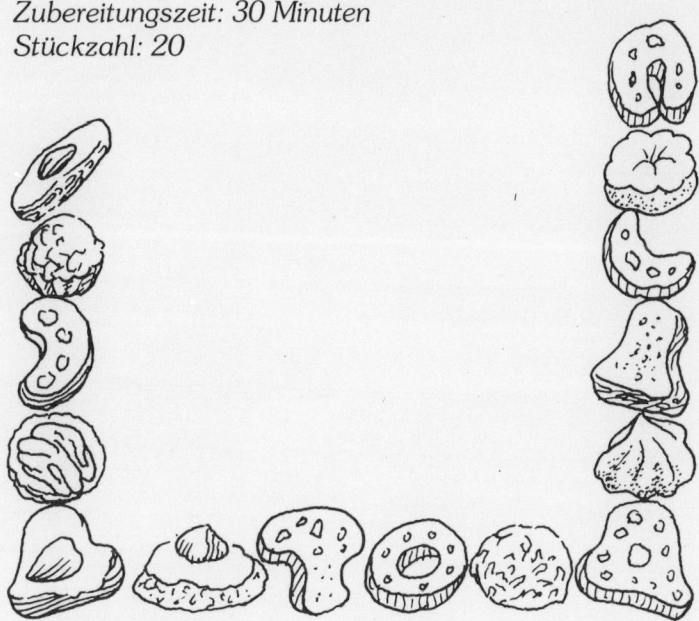

# Ananaskonfekt

100 g getrocknete Ananas
50 g Mandelmarzipan (S. 12)
1 Eßl. Zitronensaft
Zur Dekoration: geschälte Pistazien

Die Ananas mit der feinsten Gemüseraffel mahlen, mit
dem Mandelmarzipan und dem Zitronensaft verkneten.
Aus der Masse eine Rolle formen. Diese in 1 cm dicke
Stücke schneiden. In die Mitte eine Pistazie setzen.

Zubereitungszeit: 15 Minuten
Stückzahl: 20

# Apfelkonfekt

50 g getrocknete Apfelschnitze
50 g Mandelmarzipan (S. 12)
1 Teel. Honig
1 Teel. Himbeergeist oder
1 Teel. Zitronensaft oder
1/2 Teel. Orangenextrakt
getrocknete Aprikosen, Datteln oder Pflaumen
Pistazien

Die Apfelschnitze im Mixer fein pürieren, das Marzipan
und den Honig hinzufügen und je nach Geschmack mit
Himbeergeist, Zitronensaft oder Orangenextrakt ab-
schmecken. Die Masse so lange in der Küchenmaschine
verkneten, bis sich ein Kloß gebildet hat. Die getrockneten Aprikosen, Datteln oder Pflaumen halbieren. Aus der
Apfel-Marzipanmasse eine Rolle formen und ½ cm dicke
Scheiben abschneiden. Diese auf die halbierten Trockenfrüchte legen und mit einem Stückchen Aprikose und
2 Pistazienhälften dekorieren.

*Zubereitungszeit: 30 Minuten*
*Stückzahl: 35*

# Aprikosenkonfekt

100 g gelbe ungeschwefelte Trockenaprikosen
75 g Mandelmarzipan (S. 12)
1 Eßl. Orangensaft
Abrieb einer ungespritzten Orange
Zur Dekoration: Pistazien

Die Aprikosen mit der feinsten Gemüseraffel mahlen, mit dem Mandelmarzipan, dem Orangensaft und dem Abrieb der ungespritzten Orange verkneten. Die Masse zu einer Rolle formen (ca. 30—35 cm), in 1 cm dicke Scheiben schneiden und in die Mitte eine Pistazie setzen.
Oder Datteln mit der Masse füllen und darauf eine Pistazie setzen.
Oder die Masse wie eine Mondsichel modellieren und darauf eine Pistazie setzen.
Oder die Masse zu Kugeln formen und diese in Pistazienkrümeln wälzen.

Variante: Anstatt Orangensaft und -abrieb 1 Eßl. Curaçao unter die Masse mischen.

Zubereitungszeit: 20—30 Minuten
Stückzahl:  1. Scheiben: 30
            2. Datteln gefüllt: 60
            3. Mondsicheln: 40
            4. Kugeln: 25

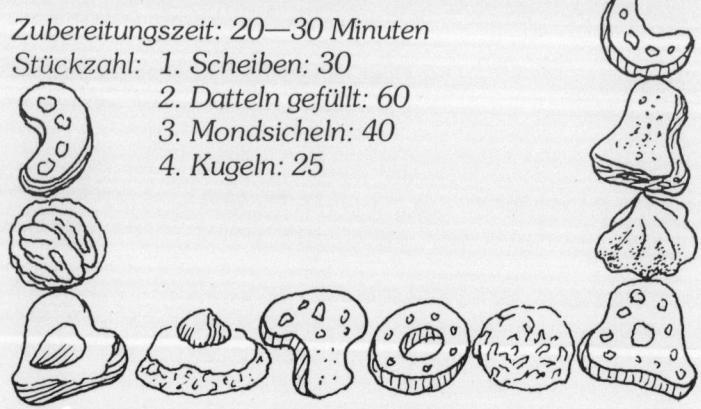

# Bananenkonfekt

*200 g getrocknete Bananen*
*50 g Haselnußmarzipan (S. 16)*
*50 g Blütenhonig*
*1/4 Teel. Naturvanille*
*Zum Wälzen: Naturvanille, vermischt mit*
*gemahlenen Mandeln*

Die getrockneten Bananen mit der feinsten Gemüseraffel mahlen, mit dem Haselnußmarzipan, dem Blütenhonig und der Naturvanille verkneten. Aus der Masse Kugeln formen und in einem Gemisch von etwas Naturvanille und abgezogenen, gemahlenen Mandeln wälzen.

*Zubereitungszeit: 20 Minuten*
*Stückzahl: 30*

23

# Dattelkonfekt

*200 g Datteln*
*50 g Haselnußmarzipan (S. 16)*
*50 g Blütenhonig*
*1/2 Teel. Zimt*
*Zum Wälzen: gemahlene Haselnüsse*
*Zur Dekoration: Haselnüsse*

Die Datteln mit der feinsten Gemüseraffel mahlen, mit dem Haselnußmarzipan, dem Honig und dem Zimt verkneten. Aus der Masse Kugeln formen und in gebräunten feingemahlenen Haselnüssen wälzen. In die Mitte eine gehäutete Haselnuß setzen.

*Zubereitungszeit: 20 Minuten*
*Stückzahl: 30*

# Feigenkonfekt

*200 g Feigen*
*100 g Haselnußmarzipan (S. 16)*
*2 Eßl. Rum*
*Zum Wälzen: gemahlene Mandeln*
*Zur Dekoration: Mandelhälften*

Die Feigen mit der feinsten Gemüseraffel mahlen, mit dem Haselnußmarzipan und dem Rum verkneten. Eine Rolle oder einen Laib formen, diese in gemahlenen Mandeln wälzen, in 1 cm dicke Stücke schneiden und darauf je eine Mandelhälfte setzen.

*Zubereitungszeit: 20 Minuten*
*Stückzahl: 30*

# Ingwerkonfekt

150 g Mandelmarzipan (S. 12)
3 Teel. gemahlener Ingwer
Zur Dekoration: Pistazien oder eingelegter Ingwer
Raspelschokolade

Den gemahlenen Ingwer und das Mandelmarzipan verkneten. Aus der Masse kleine Dreiecke formen und in die
Mitte der Schnittfläche eine Pistazie oder ein sehr kleines
Stück eingelegten Ingwer setzen. Die Ränder der Dreiecke
in Raspelschokolade wälzen.

*Zubereitungszeit: 15 Minuten*
*Stückzahl: 15*

# Kirschkugeln

*Haselnußmarzipan nach Grundrezept Seite 16*
*20 Rumkirschen*
*Kokosraspeln*

Das Haselnußmarzipan herstellen und daraus eine dicke Rolle (Durchmesser eines 5-Markstückes) formen. Diese eine halbe Stunde in das Gefrierfach legen. Die Rolle in 2 mm dicke Scheiben aufschneiden. In die Mitte der Scheibe eine Rumkirsche legen, diese mit der Haselnuß-marzipanmasse umhüllen und das Ganze zu einer Kugel formen. Die Kugeln in Kokosraspeln wälzen.

*Zubereitungszeit: 30 Minuten*
*Stückzahl: 20*

27

# Nougatkonfekt

*100 g Haselnüsse*
*1 Eßl. Haselnußpaste (aus dem Reformhaus)*
*1 Teel. Nescafé, 1 Teel. Wasser*
*1 Eßl. gemahlene Schokolade*
*50 g Blütenhonig*
*Zum Wälzen: Pistazienkrümel*

Die Haselnüsse fein mahlen, mit der Haselnußpaste, dem im heißen Wasser aufgelösten Nescafé, der gemahlenen Schokolade und dem Honig verkneten. Aus der Masse Kugeln formen und in Pistazienkrümeln wälzen.

*Zubereitungszeit: 20 Minuten*
*Stückzahl: 20*

# Pflaumenkonfekt

*200 g getrocknete Pflaumen*
*100 g Haselnußmarzipan (S. 16)*
*2 Eßl. Zitronensaft*
*50 g Blütenhonig*
*Zum Wälzen: gebräunte Haselnußkrümel*
*Zur Dekoration: Walnußhälften und Mandelmarzipan*

Die Pflaumen mit der feinsten Gemüseraffel mahlen, mit dem Haselnußmarzipan, dem Zitronensaft und dem Blütenhonig zu einer Masse verkneten. Daraus Rollen formen, diese in gebräunten Haselnußkrümeln wälzen. Die Rollen in 1 cm dicke Stücke schneiden und Walnuß-hälften mit etwas Mandelmarzipan darauf setzen.

Variante: Anstatt Zitronensaft 2 Eßl. Zwetschgenwasser nehmen.

*Zubereitungszeit: 25 Minuten*
*Stückzahl: 40*

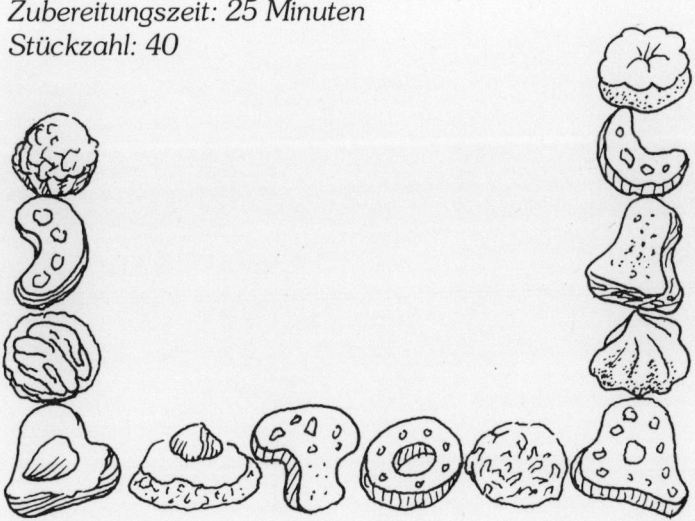

# Quittenkonfekt

500 g Quitten
250 g Honig
250 g gehackte Mandeln

Die Quitten mit einer feinen Gemüseraspel zerkleinern. Das Mus auf allerkleinster Flamme 4—5 Stunden eindikken lassen. Nach dem Erkalten mit dem Honig verrühren. Ein Blech mit Backpapier auslegen und dieses dick mit gehackten Mandeln bestreuen. Darauf das Quittenmus mit Hilfe eines Spachtels gleichmäßig verteilen und mit gehackten Mandeln bestreuen. Im Backofen trocknen lassen. Danach in Stücke schneiden.

Variante: Quittenkugeln
Quittenhonigmus herstellen. 250 g gebräunte, gemahlene Mandeln oder Haselnüsse unter das Quittenmus kneten. Kugeln formen und diese in gebräunten Mandelbröseln wälzen.

Zubereitungszeit: 20 Minuten
Garzeit: 4—5 Stunden
Trockentemperatur:
E.-Herd 50° C/G.-Herd kleinste Einstellung
Stückzahl: 1 Blech

# Rumkonfekt

*Erste Masse:*
*100 g dunkle getrocknete Aprikosen*
*100 g Haselnußmarzipan (S. 16)*
*1 Eßl. gemahlene Schokolade, 2 Eßl. Rum*
*Zweite Masse (zur Fülle):*
*100 g Mandelmarzipan*
*1 Eßl. sehr fein gemahlene Pistazien*

Die Aprikosen mit der feinsten Gemüseraffel mahlen, mit dem Haselnußmarzipan, der gemahlenen Schokolade und dem Rum verkneten.

Das Mandelmarzipan mit den sehr fein gemahlenen Pistazien verkneten.

Die erste Masse auf geriebenen gebräunten Mandeln in einen 3 cm breiten Streifen ausrollen. Die zweite Masse zu einer 1 cm dicken Rolle formen. Diese in die Mitte des Streifens legen, den Streifen darum hüllen und die Rolle kalt stellen. Nach 60 Minuten in 1 cm dicke Stücke schneiden.

Variante: Die Pistazienrolle in weißes Mandelmarzipan einwickeln, kalt stellen und dann in Scheiben schneiden.

*Zubereitungszeit: 30 Minuten*
*Stückzahl: 20*

# Walnußmarzipan mit Rumrosinen

*100 g Walnüsse*
*50 g Blütenhonig*
*3 Eßl. Rumrosinen*
*50 g geröstete, gemahlene Walnüsse*
*Zur Dekoration: Walnußhälften*

Die Walnüsse fein mahlen, den Honig und die gehackten Rumrosinen zufügen und alles gut verkneten. Aus der Masse zwei 2½ cm dicke Rollen formen und diese in den gebräunten, gemahlenen Walnußbröseln wälzen. Kalt stellen. 1—1½ cm dicke Scheiben abschneiden und auf die Schnittfläche mit etwas Butter eine Walnußhälfte kleben.

Variante: Beschwipste Walnüsse
Walnuß-Rumrosinenmarzipan herstellen und dieses zwischen zwei Walnußhälften kleben.

*Zubereitungszeit: 20 Minuten*
*Stückzahl: 30*

# Gefüllte Walnüsse

*100 g Walnüsse*
*Haselnußmarzipan, Seite 16*

Zwischen 2 Walnußkernhälften die Haselnuß-Honig-Masse füllen.

Variante mit Mandelmarzipan:
Mandelmarzipan auswellen und unter dem Grill bräunen, abkühlen lassen, gut verkneten und zwischen 2 Walnuß-hälften kleben.

*Zubereitungszeit: 15 Minuten*
*Stückzahl: 30*

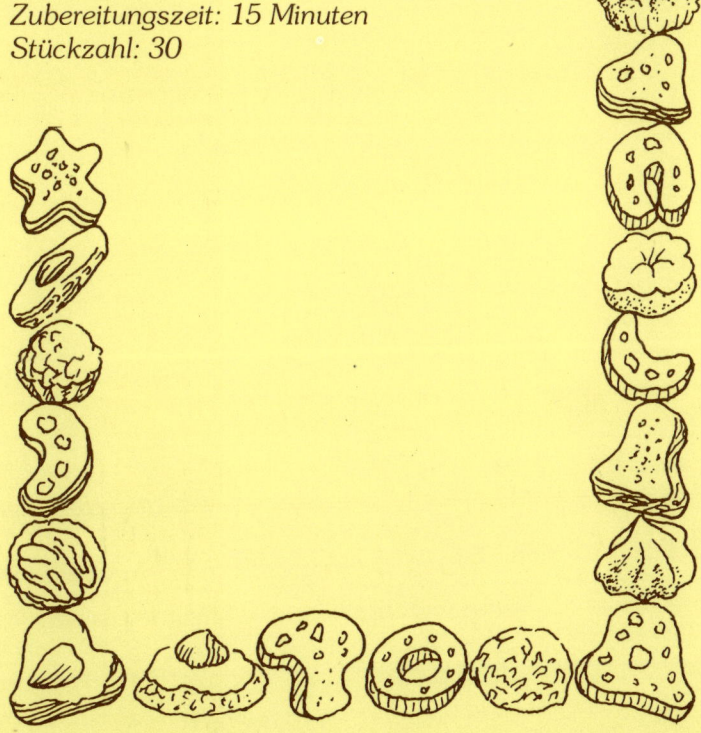

# Sommerkonfekt

Wenn Sie Ihre Familie oder Ihre Gäste einmal mit einer Schlemmerei erfreuen wollen, die nicht nur eine Gaumenfreude, sondern vor allem auch eine Augenweide ist, dann versuchen Sie es mit meinem Sommerkonfekt. Es hat nur einen Nachteil: Es ist nicht lange haltbar. Es sollte also höchstens 3 Stunden im voraus zubereitet werden und bis unmittelbar vor dem Verzehr im Kühlschrank bleiben.

# Aprikosenschiffchen

4 frische Aprikosen
Haselnußmarzipan, Seite 16
Pistazienkrümel, Oblatensegel
etwas flüssige Honigschokolade (Reformhaus)

Die Aprikosen waschen, gut abtrocknen, entsteinen und
in Viertel schneiden. Mit der Haselnuß-Honig-Masse füllen, Pistazienkrümel darüberstreuen. Aus einer Oblate
ein Segel schneiden und dieses in die Mitte des Apriko-
senschiffchens stecken. Die Schnittflächen der Aprikose
mit etwas flüssiger Honigschokolade überziehen.

*Zubereitungszeit: 15 Minuten*
*Stückzahl: 16*

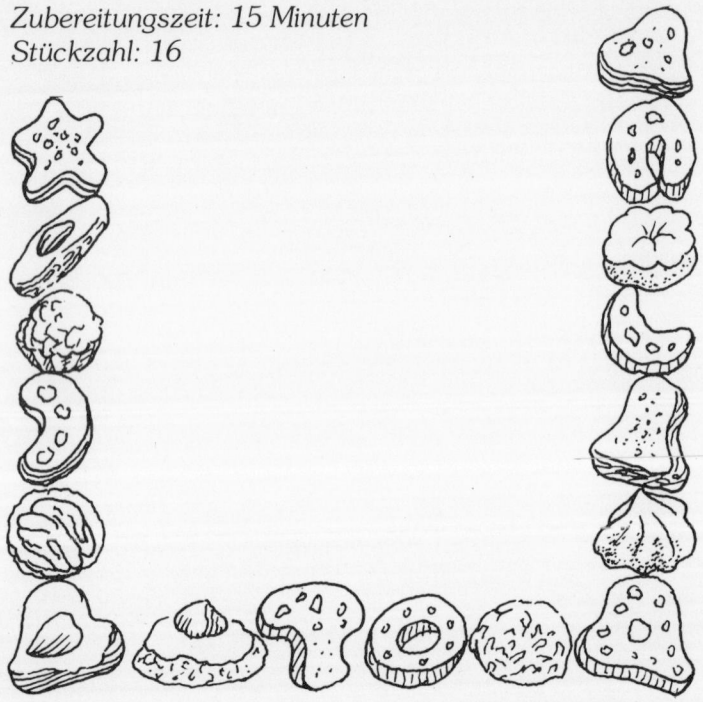

# Himbeeren, Brombeeren oder Erdbeeren auf Bananenscheiben

*2 Bananen, Kokosraspeln*
*etwas flüssige Honigschokolade*
*16 Himbeeren, Erdbeeren oder Brombeeren*
*Pistazienhälften*

Die Bananen schälen und schräg in ovale Scheiben schneiden. Diese mit der unteren Seite in Kokosraspeln setzen und auf der oberen Seite mit etwas flüssiger Honigschokolade bestreichen. Die Beeren daraufsetzen und mit Pistazienhälften garnieren.

*Zubereitungszeit: 20 Minuten*
*Stückzahl: 16*

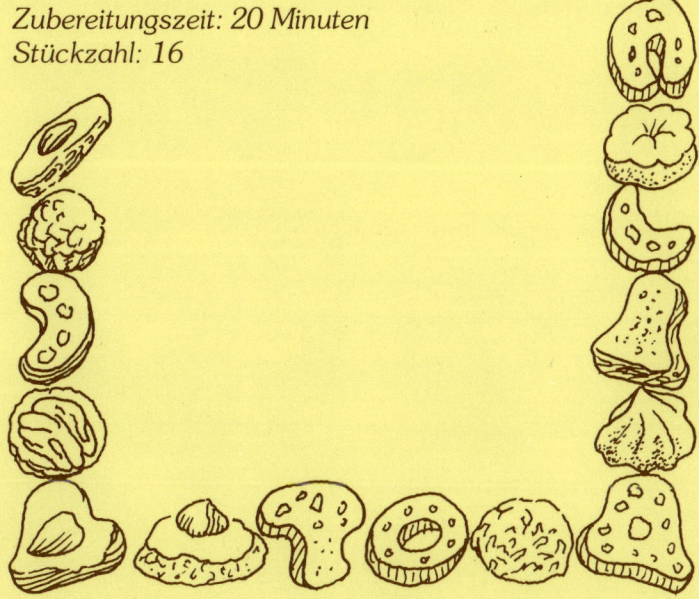

# Halbierte, gefüllte Pflaumen

*10 Pflaumen*
*Haselnußmarzipan, Seite 16*
*20 Walnußkernhälften*
*etwas flüssige Honigschokolade (Reformhaus)*

Die Pflaumen waschen, gut abtrocknen, halbieren und entsteinen. Mit der Haselnuß-Honig-Masse füllen und darauf jeweils den halben Kern einer Walnußhälfte setzen. Mit einem Tropfen Honigschokolade krönen.

*Zubereitungszeit: 15 Minuten*
*Stückzahl: 20*

# Schwarze Johannisbeerkugeln

150 g Haselnüsse
30 g schwarze Johannisbeeren
40 g Blütenhonig
Kokosraspeln

Die Haselnüsse in der Küchenmaschine sehr fein mahlen.
Die Beeren und den Honig zufügen und in der Maschine
so lange laufen lassen, bis sich eine kloßartige Masse
gebildet hat. Kugeln daraus formen und diese in Kokosraspeln wälzen.

*Zubereitungszeit: 15 Minuten*
*Stückzahl: 20*

41

# Sauerkirschen im Schlafrock

*100 g Haselnüsse*
*50 g Blütenhonig*
*15 Sauerkirschen mit Stielen*
*gemahlene Kokosraspeln*
*Pistazienkrümel*
*etwas flüssige Honigschokolade (Reformhaus)*
*Pistazienhälften*

Die Haselnüsse in der Küchenmaschine fein mahlen, den Honig zufügen und die Maschine so lange laufen lassen, bis sich eine kloßartige Masse gebildet hat. Aus dieser eine Rolle vom Durchmesser eines Fünfmarkstückes formen und 30 Minuten ins Gefrierfach stellen. Die Kirschen mit den Steinen waschen und gut abtrocknen. Die Rolle in 2 mm dicke Scheiben schneiden und die Kirschen darin einwickeln. Die so entstandenen Kugeln zuerst in fein gemahlenen Kokosraspeln, dann in fein gemahlenen Pistazienkrümeln wälzen und schließlich in flüssige Honigschokolade tauchen. Am Stiel mit Pistazienhälften garnieren.

*Zubereitungszeit: 20 Minuten*
*Stückzahl: 15*

42

# Makronen auf Oblaten

*4 Eiklar*
*200 g Blütenhonig*
*250 g Mandelblättchen*
*Abrieb einer ungespritzten Zitrone*
*runde Oblaten*

Den Backofen auf 140 Grad C vorheizen. Die Eiklar steif schlagen, den Honig zufügen und den Zitronenabrieb unter den Eischnee schlagen. Die Masse in einem großen, breiten Topf bei mittlerer Hitze unter ständigem Rühren erhitzen. Die Mandelblättchen zufügen, die noch heiße Masse auf die Oblaten verteilen und 15—20 Minuten backen.
E.-Herd 140° C/G.-Herd Stufe 1

*Zubereitungszeit: 20 Minuten*
*Backzeit: 15—20 Minuten*
*Stückzahl: 40*

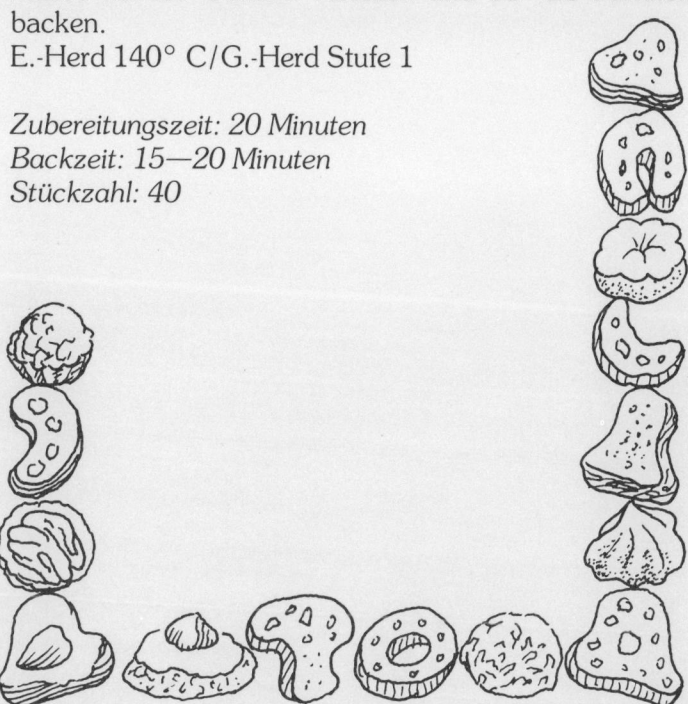

# Aprikosenmandelbiß

*100 g Butter*
*80 g Blütenhonig*
*180 g Mandelblättchen*
*1 Prise Salz*
*200 g getrocknete Aprikosenstückchen*
*1/8 l Sahne*
*Abrieb einer halben Zitrone (ungespritzt)*

2 Bleche mit Backpapier auslegen und den Backofen auf 190 Grad C vorheizen. Die Butter und den Zitronenabrieb mit der Sahne in einem Topf 4—5 Minuten köcheln lassen. Die Mandelblättchen und die Aprikosenstückchen untermengen. Kleine Häufchen auf das Blech setzen. 10—15 Minuten backen.
E.-Herd 190° C/G.-Herd Stufe 2—3

*Zubereitungszeit: 20—25 Minuten*
*Backzeit: 10—15 Minuten*
*Stückzahl: ca 60—70*

44

# Mandelmakronenhörnchen

*200 g gebräuntes Mandelmarzipan (S. 15)*
*300 g geschälte, geriebene Mandeln*
*150 g Blütenhonig*
*1/8 l Eiklar*
*200 g Mandelblättchen*

Zwei Backbleche mit Backpapier auslegen. Den Backofen auf 190 Grad C vorheizen. Das Marzipan mit den
Mandeln, dem Honig und dem Eiklar zu einem Teig verkneten. In Mandelblättchen fingerlange Stücke rollen,
diese zu Hörnchen formen, auf das Blech setzen und
15—20 Minuten hellbraun backen.
E.-Herd 190° C/G.-Herd Stufe 2—3

*Zubereitungszeit: 20 Minuten*
*Backzeit: 15—20 Minuten*
*Stückzahl: 70*

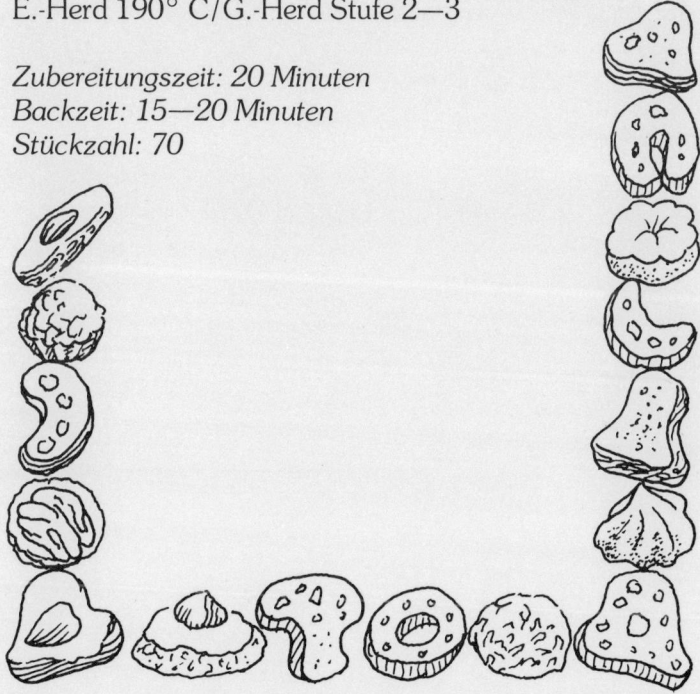

# Wiener Stanitzerl

*100 g Mandelmarzipan (S. 12)*
*50 g geschälte, geriebene Mandeln*
*50 g Blütenhonig*
*1 Ei, 2 Eiklar*
*40 g frisch gemahlener Weizen*
*2 Eßl. Sahne*
*Für die Fülle: 1/4 l Sahne*
*1 Eßl. Blütenhonig*
*1 Teel. Zitronensaft*
*100 g Himbeeren*

Das Backblech mit Backpapier auslegen. Den Backofen auf 180 Grad C vorheizen. Das Mandelmarzipan mit den Mandeln, dem Honig, dem Ei und den Eiklar zu einem Teig verrühren. Den Weizen und die Sahne untermengen. Runde Teigtaler (ø 10 cm) aufs Backpapier streichen und 12—15 Minuten bei 180 Grad C backen. Aus den noch warmen Talern Tüten formen.
E.-Herd 180° C/G.-Herd Stufe 2—3
Für die Füllung: Die Sahne steif schlagen, den Honig, den Zitronensaft und die Himbeeren hinzufügen und mit dieser Himbeersahne die Stranizerl füllen.

*Zubereitungszeit: 20 Minuten*
*Backzeit: 12—15 Minuten*
*Stückzahl: 15*

# Schwarzwälder Kirschtörtchen

1 fertiger Nußboden (Rezept Petit-Four, Seite 48)
1 l Sahne
2 Eßl. Blütenhonig
1/2 Teel. Naturvanille
3 Eßl. Schokoladensplitter
400 g in Kirschwasser getränkte Sauerkirschen
Zur Dekoration: Schokoladenkrümel
Kirschen, Pistazienhälften

Die Sahne steif schlagen, den Blütenhonig, die Natur-vanille und 2 Eßl. Schokoladensplitter untermengen. Den Nußboden 1 cm dick mit dem Sahnegemisch bestrei-chen, die Kirschen darauf legen, die restliche Sahne gleichmäßig über die Kirschen verteilen und mit den rest-lichen Schokoladensplittern bestreuen. Einfrieren. In 4 cm große Stücke schneiden, diese in Schokoladenkrü-meln wälzen und mit einer Kirsche und 2 Pistazienhälften (als Blätter) dekorieren.

Zubereitungszeit: 20 Minuten
Stückzahl: 1 Blech

# Petits Fours

... gehören zu den beliebtesten Schleckereien. Obwohl ihre Zubereitung Liebe, Geduld und Einfühlungsvermögen verlangt, zügle ich bei der Herstellung gern mein Temperament. Die Freude, die ich anderen damit bereiten kann, ist der Lohn.

*Für den Nußboden:*
*300 g Haselnüsse*
*10 Eiklar*
*250 g Blütenhonig*
*Für die Füllung:*
*10 Eigelb*
*200 g Blütenhonig*
*1/2 Tasse starker schwarzer Kaffee*
*40 g Kakao, 250 g weiche Butter*
*1 Tasse in Rum eingelegte Rosinen*
*2 Eßl. gemahlene Pistazien*

2 Bleche mit Backpapier auslegen, den Backofen auf 100 Grad C vorheizen. Die Nüsse mahlen. Die Eiklar zu festem Schnee schlagen, den Honig langsam zufügen und noch 2 Minuten weiterschlagen. Die Nüsse vorsichtig unterheben und die Masse auf den Blechen gleichmäßig verteilen, glattstreichen und auf der zweituntersten Leiste etwa 10—15 Minuten bei 200 Grad C nacheinander backen.
E.-Herd 200° C/G.-Herd Stufe 3

Für die Füllung die Eigelb, den Honig, den Kaffee und den Kakao in einer Edelstahlschüssel über Wasserdampf zu einer dicklichen Creme rühren, erkalten lassen. Die Butter schaumig rühren, nach und nach die erkaltete Creme unterrühren. Die Eiweißnußböden in zwei Hälften schneiden, eine Hälfte mit 1/3 Creme bestreichen, mit den Rumrosinen belegen, darauf eine zweite Cremeschicht streichen und mit der zweiten Bodenhälfte bedecken. 2 Stunden sehr kalt stellen, am besten im Gefrierfach. In 3 cm große Quadrate schneiden und in den Pistazienkrümeln wälzen.

*Zubereitungszeit: 1 1/2—2 Stunden*
*Backzeit: 10—15 Minuten*
*Kühlzeit: 2 Stunden*
*Stückzahl: 2 Bleche*

# Mandarinen Petits Fours

*Für den Mandelboden:*
*10 Eiklar*
*250 g Blütenhonig*
*300 g abgezogene, gemahlene Mandeln*
*Für die Füllung:*
*10 Eigelb*
*100 g Blütenhonig*
*1 Tasse Mandarinensaft, 1 Teel. Zitronensaft*
*250 g weiche Butter*
*100 g in Aprikosenschnaps getränkte,*
*getrocknete Aprikosen*
*100 g gemahlene, gebräunte Mandeln*
*getrocknete Aprikosen und Pistazienhälften*

Die Bleche mit Backpapier belegen. Die Eiklar zu festem Schnee schlagen, den Honig langsam zufügen und noch 2 Minuten weiterschlagen. Die gemahlenen Mandeln vorsichtig unterheben und die Masse auf den Blechen gleichmäßig verteilen, glattstreichen und im Backofen 15—20 Minuten bei 180 Grad C hintereinander backen. Fingertest: Die Oberfläche muß trocken sein, wenn man sie mit dem Finger berührt.
E.-Herd 180° C/G.-Herd Stufe 2
Die Füllung: In einem mittelgroßen Topf eine Tasse Wasser zum Kochen bringen. Die Eigelb, den Honig, den Mandarinensaft und den Zitronensaft in einer kleinen Edelstahlschüssel verrühren und im Wasserdampf in dem Topf zu einer dicklichen Creme schlagen. Diese im Eiswasser kühl rühren (nicht ganz kalt). In der Zwischenzeit die Butter schaumig rühren. Nach und nach die nicht zu kalte Mandarinencreme unter die Butter schlagen. (Sollte die Creme gerinnen, kann sie im heißen Wasserbad kurz

wieder glattgerührt werden). 4 Eßl. der Creme zur Seite stellen. Die gebackenen Mandeleiweißböden auf den Tisch stürzen, vom Backpapier befreien, 2 cm vom Rand ringsum abschneiden. Diese Reste zerkrümeln, die Aprikosen zerkleinern und beides unter die Mandarinencreme mengen. Diese Creme (oder Füllung) auf den ersten Mandelboden gleichmäßig verteilen, glattstreichen und mit dem zweiten Boden bedecken. Auf einem Tablett oder größeren Brett 2—3 Stunden ins Gefrierfach stellen. Danach in 2 1/2 cm breite Streifen schneiden und aus diesen wieder 6 Petits-Fours schneiden. Jedes Stück seitlich mit der beiseite gestellten Crememasse bestreichen und diese Seitenteile in gebräunten, gemahlenen Mandeln wälzen. Auf die Mitte des Petit-Four ein Stück Aprikose und rechts und links davon eine Pistazienhälfte mit der Creme kleben.

Variante: Anstatt Mandarinensaft und Aprikosen, schwarzen Johannisbeersaft und in Rum getränkte schwarze Johannisbeeren nehmen. Oder Himbeersaft und in Himbeergeist getränkte Himbeeren.
Oder man läßt der eigenen Phantasie ihren Lauf...

*Zubereitungszeit: 1 1/2—2 Stunden*
*Backzeit: 10—15 Minuten*
*Kühlzeit: 2 Stunden*
*Stückzahl: 2 Bleche*

# Kissinger Brötchen

*Für den Teig: 50 g Weizen, fein geschrotet*
*50 g Hirse, 50 g Vollreis, beide gekocht*
*150 g geriebene Haselnüsse*
*1 gestr. Teel. Backpulver (5 g)*
*125 g Blütenhonig, 1 Prise Salz*
*1/2 Teel. Zimt, 1 kleines Ei*
*100 g Butter, Mehl zum Ausrollen*
*Füllung: 220 g Aprikosenmarmelade oder*
*Hagenbuttenmarmelade*
*Zur Dekoration: 150 g Kuvertüre, 40 Walnußhälften*
*150 g geriebene Haselnüsse*

Alle Zutaten rasch zu einem glatten Teig zusammenkneten. 30 Minuten im Kühlschrank kalt stellen. 1/2 cm dick auswellen und runde Plätzchen ausstechen. In cirka 5 Minuten hellgelb backen.
E.-Herd 200° C/G.-Herd Stufe 3
Vorsichtig vom Blech nehmen, auskühlen lassen.
Mit Marmelade bestreichen und je zwei Plätzchen zusammensetzen. Kuvertüre im Wasserbad auflösen, die Plätzchen damit bestreichen und den Rand in geriebenen Haselnüssen wälzen. 1 Tropfen Kuvertüre in die Mitte obenauf setzen und eine Walnußhälfte darauflegen.

Kleiner Tip: Sollte der Teig zu weich sein, können bis 25 g Vollweizenmehl zugegeben werden.

*Zubereitungszeit: 60 Minuten*
*Backzeit: 5 Minuten*
*Stückzahl: 20*

# Eiweißgebäck

Das Mengenverhältnis läßt sich gut merken:
Auf 1 Eiweiß kommen 50 g Blütenhonig und 40 g gemahlene Haselnüsse oder Mandelsplitter oder gehackte Walnüsse.

*Grundrezept: 4 Eiklar*
*200 g Honig*
*160 g gemahlene Haselnüsse*

Die Eiklar mit dem Elektrorührer steif schlagen. Unter ständigem Schlagen langsam den Honig hinzufügen. Die gemahlenen Haselnüsse vorsichtig unterheben.
Den Backofen auf 180° C vorheizen. Ein Backblech mit Pergamentpapier auslegen und in genügendem Abstand kleine Häufchen der Eiweißmasse daraufsetzen. Das Gebäck auf der zweituntersten Leiste etwa 20 Min. backen.
E.-Herd 200° C / G.-Herd Stufe 3

Variante: Mit 40 g weniger Haselnüssen des Grundrezeptes lassen sich Eiweißnußböden bereiten. Die Masse auf ein mit Pergamentpapier ausgelegtes Blech streichen und backen.
Daraus rechteckige Stücke schneiden, diese mit Schlagsahne bespritzen, mit Pistazienkrümeln bestreuen und mit Erdbeeren, Himbeeren und anderen Früchten belegen. Besonders lecker schmeckt ein darauf gelegtes Bananenstück mit etwas flüssiger Schokolade garniert.

*Zubereitungszeit: 20 Minuten*
*Backzeit: 20 Minuten*

53

# Gefüllte Erdbeeren auf Eiweiß-Nußböden

*16 große Erdbeeren*
*16 geschälte Mandeln*
*16 Eiweiß-Nußböden (Durchmesser wie ein Eierbecher)*
*1/8 l Schlagsahne*
*Pistazienkrümel*

Den Stiel vorsichtig aus der Erdbeere ausdrehen und statt-
dessen die Mandel hineinstecken. Die Eiweiß-Nußböden
mit steif geschlagener Sahne bespritzen und darauf die
Erdbeeren setzen. Gemahlene Pistazien auf die Sahne
streuen.

Schnelle Hilfe: Ich habe immer rund ausgestochenes
Eiweiß-Nußgebäck mit Sahne bespritzt und mit Pistazienkrümeln bestreut im Tiefkühlschrank. Bei überra-
schendem Besuch muß ich die Petits fours nur noch mit
frischen Früchten belegen!

*Zubereitungszeit: 10 Minuten*
*Stückzahl: 16*